GRAPHIC LIBRARY®
en español

CIENCIA GRÁFICA

CÓMO COMPRENDER LA

FOTOSÍNTESIS

CON

MAX AXIOM
SUPERCIENTÍFICO®

por Liam O'Donnell

ilustrado por Richard Dominguez
y Charles Barnett III

Consultor:
Ron Browne, PhD
Profesor Adjunto de Educación Primaria
Minnesota State University, Mankato

CAPSTONE PRESS
a capstone imprint

Graphic Library is published by Capstone Press,
1710 Roe Crest Drive, North Mankato, Minnesota 56003
www.capstonepub.com

Library of Congress Cataloging-in-Publication Data
O'Donnell, Liam, 1970-
  [Understanding photosynthesis with Max Axiom, super scientist. Spanish]
  Cómo comprender la fotosíntesis con Max Axiom, supercientífico / por Liam O'Donnell ;
ilustrado por Richard Domínguez y Charles Barnett III ; consultor, Ronald Browne.
    p. cm.
  ISBN 978-1-62065-180-3 (library binding)
  ISBN 978-1-62065-984-7 (paperback)
  ISBN 978-1-4765-1619-6 (ebook PDF)
  1. Photosynthesis—Comic books, strips, etc. 2. Photosynthesis—Juvenile literature.
3. Graphic novels. I. Domínguez, Richard, ill. II. Barnett, Charles, III, ill. III. Title.
QK882.O3413 2013
572'.46—dc23   2012021062

Summary: In graphic novel format, follows the adventures of Max Axiom as he explains
the science behind photosynthesis—in Spanish

Art Director and Designer
Bob Lentz

Cover Artist
Tod Smith

Colorist
Michael Kelleher

Spanish Book Designer
Eric Manske

Editor
Donald Lemke

Translation Services
Strictly Spanish

Production Specialist
Laura Manthe

Printed in the United States   5553

TABLA DE CONTENIDOS

En su caminata diaria, el supercientífico Max Axiom descubre que todos los caminos llevan a las plantas.

Nada es mejor que una larga caminata en un día esplendoroso de verano.

¿Te has detenido alguna vez solo para sentir el sol en tu cara? Se siente tan cálido.

¡Me parece que no soy el único que disfruta el sol!

Pero estos girasoles no están solo disfrutando el sol. Están comiendo.

Las plantas necesitan agua en estos canales para empezar el proceso de fotosíntesis.

Antes de que puedan usar el agua, necesitan descomponerla en átomos más simples.

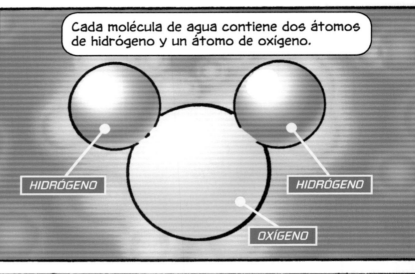

Cada molécula de agua contiene dos átomos de hidrógeno y un átomo de oxígeno.

HIDRÓGENO

HIDRÓGENO

OXÍGENO

Para ver dónde las plantas separan las moléculas de agua, saltemos adentro de la célula vegetal.

Dentro de cada cloroplasto hay pilas de discos que contienen una sustancia verde llamada clorofila.

La clorofila captura la energía de la luz solar.

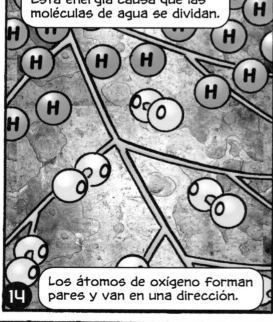

Esta energía causa que las moléculas de agua se dividan.

Los átomos de oxígeno forman pares y van en una dirección.

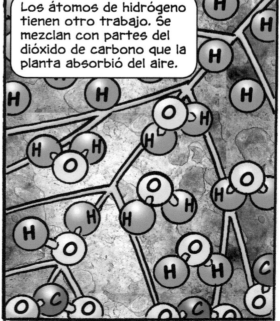

Los átomos de hidrógeno tienen otro trabajo. Se mezclan con partes del dióxido de carbono que la planta absorbió del aire.

La fotosíntesis también mantiene a los animales saludables.

¿Recuerdas cuando la planta dividió la molécula de agua y usó los átomos de hidrógeno para crear alimento?

No usó los átomos de oxigeno que provinieron de la molécula de agua.

La planta no usa el oxígeno adicional, pero nosotros sí lo hacemos.

Las plantas liberan el oxígeno al aire a través de sus estomas o poros diminutos.

Igual que oxígeno y agua, todos los organismos necesitan energía para sobrevivir.

El Sol es la fuente principal de energía para todos los seres vivos en la Tierra.

Las plantas son los únicos organismos en la Tierra que pueden tomar energía del Sol y convertirla en alimento.

Son conocidas como productoras en la cadena alimentaria de la naturaleza.

Las cadenas alimentarias son los caminos que la energía toma a través de la comunidad de plantas y animales.

Los productores son el primer eslabón en cada cadena alimentaria.

La mayoría de los otros organismos, como el conejo, no pueden crear su energía del Sol. Deben encontrar su energía en otra parte.

Algunos comen plantas para energía.

Y algunos obtienen su energía comiendo a otros animales.

Todos estos animales son conocidos como consumidores.

Sin las plantas y la fuerza de la fotosíntesis, no podrían existir.

HERBÍVOROS

CARNÍVOROS

OMNÍVOROS

Ya sea que vivas en el campo o en la ciudad, las plantas y la fotosíntesis son importantes para mantener a todos los seres vivos saludables.

Este proceso natural es frágil y puede dañarse fácilmente.

Vivimos en un mundo con máquinas. Autos, camiones y otras máquinas facilitan nuestras vidas.

Pero usan motores que liberan dióxido de carbono al aire.

Con tantas máquinas en uso, estamos liberando más dióxido de carbono de lo que las plantas pueden absorber.

El dióxido de carbono adicional poluciona la atmósfera de la Tierra. El calor del sol es atrapado entre esta barrera de gas y la tierra.

atmósfera — la mezcla de gases que rodea a planetas y lunas

Como resultado, las temperaturas en todo el mundo están subiendo.

Si esta tendencia continúa, todos los seres vivos en la Tierra podrían estar en peligro.

Porque algunas veces, la gente se olvida que las plantas son importantes.

Pero sabemos que las plantas crean alimentos y mantienen el aire limpio.

La próxima vez que veas a una planta extendiéndose hacia el sol, recuerda que está ocurriendo fotosíntesis.

MÁS SOBRE FOTOSÍNTESIS

La fuente principal de energía para todos los seres vivos está a más de 93 millones de millas (150 millones de kilómetros). Afortunadamente, la energía del Sol viaja extremadamente rápido y lleva solo ocho minutos para alcanzar nuestro planeta.

Partes del proceso de fotosíntesis pueden continuar aún sin la luz del sol. Cuando el sol se pone, las plantas todavía convierten la energía en azúcares para alimento. Esta parte del proceso es conocida como fase oscura de reacción.

Nuestro planeta tiene una amplia variedad de vida vegetal. De hecho, más de 260,000 especies de plantas crecen en la Tierra.

La planta monotropa uniflora no tiene clorofila. La planta que florece es completamente blanca y ha sido llamada planta muerta o flor fantasma. Carece la habilidad de crear alimentos y por eso la monotropa uniflora absorbe energía a través de sus raíces de los hongos.

Mientras algunas plantas no necesitan la luz solar, otras no necesitan el suelo. Las plantas epífitas cavan sus raíces en árboles o rocas como soporte. El musgo, las orquídeas y otras epífitas a menudo viven alto en los árboles para recibir mejor luz solar. Debido a su ubicación, son llamadas algunas veces "plantas aéreas".

Plantar un árbol puede tener un gran impacto. Un árbol maduro produce suficiente oxígeno para apoyar a cuatro personas por año.

Las plantas son los únicos productores de la Tierra. La mayoría de los organismos están divididos en tres tipos de consumidores:

Herbívoros—animales que comen solo plantas
Carnívoros—animales que comen otros animales
Omnívoros—animales que comen plantas y animales

 Las plantas pueden ser carnívoras. Algunas plantas, incluyendo la Venus atrapamoscas y copas de mono, viven donde hay pocos nutrientes en el suelo. Ellas capturan insectos en sus trampas para alimentarse.

MÁS SOBRE

SUPERCIENTÍFICO

Nombre real: Maxwell J. Axiom
Ciudad natal: Seattle, Washington
Estatura: 6' 1"   **Peso:** 192 lbs
Ojos: Marrón   **Cabello:** No tiene

Supercapacidades: Superinteligencia; capaz de encogerse al tamaño de un átomo; los anteojos le dan visión de rayos X; la bata de laboratorio le permite viajar a través del tiempo y el espacio.

Origen: Desde su nacimiento, Max Axiom parecía destinado a la grandeza. Su madre, una bióloga marina, le enseñó a su hijo sobre los misterios del mar. Su padre, un físico nuclear y guardabosques voluntario, le enseñó a Max sobre las maravillas de la Tierra y el cielo.

Un día durante una caminata en áreas silvestres, un rayo mega-cargado golpeó a Max con furia cegadora. Cuando se despertó, Max descubrió una nueva energía y se dispuso a aprender todo lo posible sobre la ciencia. Viajó por el planeta y obtuvo grados universitarios en cada aspecto del campo científico. Al volver, estaba listo para compartir su conocimiento y nueva identidad con el mundo. Se había transformado en Max Axiom, supercientífico.

Glosario

la atmósfera—la mezcla de gases que rodean a la Tierra

el átomo—un elemento en su forma más pequeña

la clorofila—la sustancia verde en plantas que usa luz para producir alimentos a partir de dióxido de carbono y agua

el dióxido de carbono—un gas inodoro e incoloro que exhalan las personas y los animales

el hidrógeno—un gas incoloro que es más liviano que el aire y se quema más fácil

la molécula—los átomos que forman la unidad más pequeña de una sustancia; $H2O$ es la molécula del agua

el oxígeno—un gas incoloro en el aire que las personas y los animales necesitan para poder respirar

la precipitación—agua que cae de las nubes a la superficie de la tierra; la precipitación puede ser lluvia, granizo, aguanieve o nieve

la transpiración—el proceso por el cual las plantas dan humedad a la atmósfera

vascular—un sistema de canales para transportar fluidos a través de las plantas

SITIOS DE INTERNET

FactHound brinda una forma segura y divertida de encontrar sitios de Internet relacionados con este libro. Todos los sitios en FactHound han sido investigados por nuestro personal.

Esto es todo lo que tienes que hacer:

Visita *www.facthound.com*

Ingresa este código: 9781620651803

¡Algo súper divertido! Hay proyectos, juegos y mucho más en www.capstonekids.com

Índice